QUELQUES

EXTRAITS

ET

PRÉFACE

DU LIVRE PUBLIÉ EN CE MOMENT

SUR LE SOCIALISME

ET LE

RADICALISME

PAR M. L'ABBÉ DELORY.

<table>
<tr><td>

PARIS,

CHEZ AUGUSTE VATON,

RUE DU BAC, 50.
</td><td>

BÉTHUNE,

CHEZ C. DELPIERRE,

GRAND'PLACE.
</td></tr>
</table>

1856

AVERTISSEMENT DE L'AUTEUR.

Le but que nous avons pour objet d'atteindre, en réunis-
sant dans cette brochure quelques extraits de l'ouvrage que
nous faisons paraître en ce moment, c'est de fournir au lecteur le moyen de s'assurer par lui-même, et à peu de frais,
si cet ouvrage a quelque valeur à son point de vue, et peut lui
procurer l'avantage d'une lecture intéressante et instructive.
Il serait bon, selon nous, en règle générale, toutes les fois
qu'un livre nouveau paraît dans le monde, que le public pût
se former, au moyen d'une dépense de quelques centimes,
une idée générale de ce livre, de la nature des questions que
l'auteur y a traitées, comme aussi de la manière d'écrire et de
raisonner qui lui est particulière et propre. Il y a bien des
œuvres, sans doute, qui ne résisteraient pas à cette épreuve,
mais il y en a beaucoup d'autres, aussi, qu'elle préserverait
de tomber dans cet oubli profond où l'on voit, tous les jours,
s'abîmer et disparaître des productions à peine nées, et qui
paraissaient dignes d'un sort meilleur.

Pour atteindre le but que nous venons d'indiquer, nous
aurions pu nous contenter de reproduire ici la préface dont
nous avons fait précéder l'ouvrage que nous publions. Cette
préface est assez étendue en effet, et elle entre dans beaucoup
de détails et d'explications; mais afin que le lecteur soit plus
complétement édifié encore, nous avons cru devoir y ajouter
trois passages extraits du corps même de cet ouvrage, et
contenant trois questions empruntées à chacun des trois or-
dres d'idées qui nous ont fourni les sujets que nous y avons
développés, c'est-à-dire à la philosophie morale, à la politique
et à la religion; nous regrettons seulement que les questions

résolues dans ces extraits ne soient, ni les plus intéressantes, ni les mieux traitées de toutes celles que nous avons abordées, mais par leur étendue, tout à la fois, ni trop ni trop peu considérable, elles étaient les plus propres à entrer dans la composition de cette brochure, dont le volume ne devait pas excéder une certaine limite.

Dans le premier passage ou extrait que l'on reproduit ici, on examine la question de savoir si l'époque où nous vivons est une époque de ruine et de dissolution sociale, une époque de décadence pour notre société.

Dans le second, on essaie de déterminer quelles sont les causes réelles des révolutions politiques.

Dans le troisième enfin, on se propose de rechercher à quoi tiennent les changements considérables survenus dans la condition de l'homme sur la terre; quelle est leur origine première, et si nous la devons chercher en nous ou hors de nous.

Tels sont les trois extraits que nous avons cru devoir ajouter, dans cette brochure, à la préface du livre que nous publions, et qui peuvent donner une idée, jusqu'à un certain degré, exacte, selon nous, de ce livre.

PRÉFACE.

A voir notre pays jouir, à l'intérieur, dans les temps les plus difficiles, de la tranquillité la plus parfaite, et porter, aussi courageusement qu'aucune nation du monde, sa part d'épreuve ou d'adversité sociale ; à voir, en même temps, cet apaisement des esprits qui semble devenir de jour en jour plus général et plus profond, et cette diminution, encore, cet affaiblissement non moins profond et non moins général, aussi, des opinions et des partis politiques, qui ne croirait que nous sommes délivrés pour toujours des périls nombreux et redoutables qui paraissaient imminents il y a quelques années à peine ; que la société parmi nous se relève définitivement et reprend possession de tous ses éléments, de tous ses moyens d'existence et de durée ; que la France, enfin, va prendre désormais son essor, et s'avancer, par une voie et dans des conditions de jour en jour plus prospères, à l'accomplissement de ses destinées ; qui ne croirait, en un mot, que nous n'avons plus que des jours paisibles, que des jours heureux, politiquement parlant, à traverser ? Mais ce serait là une erreur profonde, car il s'en faut de beaucoup que la réalité, ici, réponde aux apparences, et que la paix intérieure, dont nous jouissons, soit aussi assurée et aussi durable que beaucoup de personnes le croient. Non, il faut le dire : il ne peut être utile à rien de se faire illusion sur un point si considérable et si essentiel, la situation n'est pas si bonne qu'elle nous le paraît de prime abord, peut-être ; nous n'en avons point fini encore, à moins que certaine hypothèse, ou éventualité, dont il sera bientôt parlé, ne se réalise, nous n'en avons point fini avec tous les éléments de ruine et de désorganisation sociales, contre lesquels nous avons eu à lutter, dans ces derniers temps ; nous ne sommes pas encore délivrés, par conséquent, des dangers qui nous menaçaient alors ; nous ne sommes pas, en d'autres termes, et pour tout dire en un seul mot, nous ne sommes pas du tout sauvés.

Pour établir sur le fondement de la démonstration la plus rigoureuse, l'exactitude et la vérité de la grave assertion que nous venons d'émettre, il nous suffira de rappeler brièvement la marche qu'ont suivie les derniers événements qui se sont accomplis parmi nous, dans l'ordre politique.

La France, après trente années d'un régime dont les inconvénients ou les mérites, pour ne le point juger ici, avaient préoccupé sans cesse, et partagé, quoique fort inégalement, les esprits ; après avoir amélioré, changé ou détruit, dans ses institutions, sous ce régime, considérablement de choses ; après y avoir atteint, par le travail et le développement intérieurs de tous les éléments de sa richesse, à un degré d'élévation et de prospérité sociales qui paraissait satisfaisant, s'était vue précipitée à la suite, et dès les premiers jours de la révolution de février, dans la situation la plus déplorable : le calme et la tranquillité publics troublés incessamment, et disparus, pour ainsi parler, de la société, depuis ce grand événement; le développement du travail, de l'industrie, des affaires, de tout ce qui ne vit, en un mot, que de sécurité et de confiance, interrompu, par conséquent, et compromis dans sa marche ou dans son accroissement naturel; les partis politiques, d'un autre côté, affichant des prétentions de jour en jour plus opposées et plus déraisonnables; un déchaînement d'opinions et de doctrines singulières, inouïes, étranges; l'antagonisme et la désunion dans tous les esprits; la société, enfin, ébranlée jusqu'en ses fondements, par la violence des coups qui lui étaient portés de toutes parts : telle était la situation funeste et malheureuse dans laquelle, on se le rappelle, était tombé notre pays, dans ces dernières années, situation dont les difficultés ou les périls présents n'étaient rien, en comparaison de ceux que l'esprit de l'homme le moins prévoyant pouvait apercevoir encore, dans l'avenir, et dont le retour à l'état régulier et normal paraissait devoir soulever des résistances et une opposition extrêmes, quand tout à coup, un remède héroïque et violent ayant été appliqué au mal, ce remède fit cesser complétement et disparaître ce mal, avec une rapidité qui semblerait tenir du prodige, car ce serait s'aveugler véritablement soi-même, que de ne vouloir point reconnaître que le remède que la France a permis que l'on dirigeât contre le mal dont elle périssait si visiblement, a été de la plus merveilleuse et de la plus souveraine efficacité; que de ne vouloir point reconnaître, en d'autres termes, que le calme et la tranquillité sont rétablis partout dans notre société; que le progrès du travail, de l'industrie, des affaires, et par conséquent, de l'aisance et de la prospérité publiques, a repris son essor au milieu de nous; que la France, enfin, a retrouvé sa voie, et ne tardera pas à rejoindre, pour peu que les circonstances redeviennent bénignes et favorables, et même à dépasser considérablement la limite qu'elle avait précédemment atteinte dans les diverses carrières qui ont été ouvertes à son activité.

Voilà, en peu de mots, la marche qu'ont suivie les événements que nous avons vus se préparer et s'accomplir, au milieu de nous, dans l'ordre politique, il y a quelques années à peine, et dont le souvenir est encore présent à tous les esprits.

Mais ce mal dont notre pays souffrait, et que le remède héroïque et violent qu'il s'est laissé appliquer a fait cesser et disparaître, a-t-il cessé et disparu pour toujours, je veux dire pour un laps de temps que l'on pourrait appeler considérable, car c'est là le sens que nous entendons attribuer ici à ce mot *toujours*, ou reparaîtra-t-il au bout d'un certain temps, à une époque plus ou moins rapprochée de nous? Le merveilleux effet, en d'autres termes, que ce remède a eu la vertu de produire, sera-t-il durable et permanent, ou bien ne doit-il être que momentané et passager?

C'est là, sans doute, une grande et redoutable question ; une question que beaucoup de personnes, peut-être, à l'heure où nous écrivons ces lignes, se sont adressées déjà, dans le secret de leur intelligence, car elle est de nature à exciter dans l'âme un intérêt vif et profond.

Pour arriver à la solution de ce problème, nous commencerons par poser un dilemme de l'exactitude et de la vérité duquel on ne peut raisonnablement douter, et qui servira de point de départ, ou, comme l'on dit, de majeure à notre démonstration; des deux choses qui suivent, dirons-nous, évidemment l'une :

Ou bien la France, intimidée et effrayée à la pensée de tant de ruines que les partis, dans leurs divisions et dans leurs luttes, avaient accumulées depuis plusieurs années, seulement dans son sein, et se voyant sur le chemin et à deux doigts, pour ainsi parler, de sa perte, a accepté le moyen de salut qui lui était proposé, aveuglément, c'est-à-dire par cela seul qu'il était un moyen de salut, sans réfléchir, sans examiner si le mal venait ou non de ses institutions, et si le moyen de salut proposé était le seul bon, ou le plus convenable et le meilleur que l'on pût adopter, préoccupée tout entière et pour ainsi dire absorbée qu'elle était, par le seul sentiment du péril que le grand intérêt de l'existence de la société courait en la demeure, et par le désir ardent qu'elle avait d'échapper à ce péril, de quelque manière et à quelque prix que cela pût être.

Ou bien, éclairée et instruite à la grande école de l'expérience, à l'endroit du mérite et de la valeur des institutions politiques dont elle vivait, depuis un certain temps, et profondément convaincue que ces institutions n'étaient pas conformes, ne convenaient pas à la nature de ses dispositions intellectuelles et morales, et devaient être considérées comme l'origine et la source de tout le mal, elle a accepté le moyen de salut qui lui était proposé, en connaissance de cause, c'est-à-dire, non plus seulement comme étant un moyen suffisant et capable, absolument parlant, de la délivrer du péril dont elle était menacée, comme étant, en un mot, un bon moyen, mais encore comme étant le seul bon, ou le plus convenable et le meilleur dont on pût se servir, et parce qu'il lui semblait que des institutions nouvelles mieux entendues, et plus convenablement appropriées à ses instincts, à ses qualités, à ses goûts, au caractère propre et intime, en un mot, et à la nature de son génie, allaient suivre et seraient substituées, du même coup, aux anciennes.

Voilà les deux suppositions ou hypothèses qu'il est légitime et permis de faire ; il n'y a point, il ne peut point y avoir évidemment de milieu.

Si c'est la dernière de ces hypothèses qui est la plus exacte et la plus vraie, il est bien clair que le mal dont notre pays souffrait, et que le remède héroïque et violent qu'il s'est laissé appliquer a fait cesser et disparaître, a cessé et disparu pour toujours, au sens que nous attribuons ici à ce mot, c'est-à-dire pour un laps de temps que l'on peut appeler considérable. Notre pays, en effet, dans cette hypothèse ayant accepté le moyen de salut qui lui était proposé, en connaissance de cause, c'est-à-dire avec une conviction profonde que les institutions politiques dont il vivait depuis un certain temps ne convenaient point à la nature de ses dispositions intellectuelles et morales, et que tous les dangers auxquels il a eu tant de peine à échapper étaient la conséquence, le résultat, le fruit de ces institutions, adhèrera de plus en plus au régime qui y a mis un terme, pour le motif, d'une part, qu'il est en possession de la connaissance du principe sur lequel s'appuie la nécessité, la raison d'existence de ce régime, et d'une autre part, que la connaissance de cette vérité ne se dissipera point, ne se perdra point, mais ne fera que se fortifier et s'affermir au contraire, en se transmettant de la génération actuelle à celles qui suivront.

Si c'est la première hypothèse, au contraire, qui est exacte et vraie, il est bien clair encore que le mal de notre pays reparaîtra au bout d'un certain temps, à une époque plus ou moins rapprochée de nous. La France, en effet, dans cette hypothèse, ayant accepté aveuglément le moyen de salut qui lui était proposé, c'est-à-dire, ne l'ayant accepté que préoccupée, remplie, dominée par le sentiment du péril que couraient les plus grands intérêts sociaux, sans réfléchir, sans examiner d'où le mal pouvait être venu, et si les institutions politiques sous lesquelles elle avait jusque-là vécu y avaient contribué pour quelque chose, la France, disons-nous, n'adhèrera au régime qui l'a délivrée d'un si grand danger que dans la proportion de la vivacité du souvenir qu'elle aura conservé de ce danger, et à mesure que ce souvenir s'affaiblira, quand il se sera évanoui et dissipé surtout, quand il aura disparu complétement, ce qui ne saurait être bien long, nous avons la mémoire si courte ! elle reprendra goût inévitablement aux anciens systèmes politiques dont elle a essayé précédemment, et se replacera elle-même sur le penchant de l'abîme auquel elle a si miraculeusement échappé.

Ainsi, dans la seconde hypothèse dont nous parlons, le salut de la France est assuré, humainement parlant, c'est-à-dire autant que peut être assuré, ici-bas, le salut d'un peuple.

Dans la première, au contraire, non-seulement le salut de la France n'est plus assuré, mais il devient encore on ne peut plus douteux et incertain, il ne tient même, pour ainsi parler, qu'à un fil, puisqu'il est attaché à l'existence de la chose du monde la plus fugitive et la plus périssable de sa nature, je veux dire à la durée des souvenirs que peut conserver un peuple des dangers qu'il a courus.

La principale affaire, s'il en est de la sorte, le point considérable et essentiel, pour arriver à la solution du problème dont il est en ce moment question, consisterait donc à déterminer quelle est des deux hypothèses que nous avons admises, la plus exacte et la plus vraie.

Or, il est, selon nous, de la plus certaine et de la plus incontestable évidence, tout le monde, sans exception, sera de notre avis, que c'est la première de ces hypothèses qui est la plus exacte, ou pour mieux dire, qui est la seule exacte et vraie ; il est évident, voulons-nous dire, que la France a accepté le moyen de salut qui lui était proposé, aveuglément, c'est-à-dire par cela seul qu'il était un moyen de salut, sans réfléchir, sans examiner si le péril dont elle était menacée venait ou non de ses institutions, et n'ayant d'autre souci ou préoccupation, que d'échapper à ce péril, de quelque manière, comme nous avons dit, et à quelque prix que cela pût être ; donc, le mal de notre pays, si l'on a bien compris et retenu tout ce qui précède, n'a pas cessé et disparu pour toujours, il reparaîtra au bout d'un certain temps, à une époque plus ou moins rapprochée de nous, lorsque le souvenir, par exemple, des dangers que nous avons courus se sera évanoui et dissipé complétement, d'où il suit que nous avons eu raison de dire, en commençant, que la situation n'est pas si bonne qu'elle nous le paraît de prime abord, peut-être ; que nous n'en avons point fini encore avec tous les éléments de ruine et de désorganisation sociales contre lesquels nous avons eu à lutter dans ces dernières années ; que nous ne sommes pas encore délivrés, par conséquent, de tous les dangers qui nous menaçaient alors ; que nous ne sommes pas, en d'autres termes et pour tout dire en un seul mot, que nous ne sommes pas du tout sauvés.

On voit, par tout ce qui précède, que ce qu'il faut, que ce qui est de la plus pressante et de la plus indispensable nécessité pour que le salut de notre pays soit assuré, si l'on suppose que son salut soit attaché à la conservation et au maintien des institutions politiques actuellement existantes, ce qui ne saurait être, pour nous, l'objet d'un seul instant de doute, c'est que les vérités morales qui constituent les principes sur lesquels s'appuie la nécessité, la raison d'existence de ces institutions, vérités dont la connaissance ne ferait point partie encore, selon ce que nous venons de dire, du domaine intellectuel de l'homme, à l'époque où nous vivons, c'est que ces vérités, dis-je, soient recherchées et découvertes, et de plus généralement, si ce n'est universellement, reconnues et admises dans la société.

La connaissance de ces vérités morales permettra de résoudre la plupart et même toutes les grandes questions qui sont encore actuellement pendantes sur le terrain de la politique, car il ne reste à éclaircir, à proprement parler, en fait de questions considérables et essentielles sur ce terrain, de nos jours, que celles qui se rapportent au point particulier qui nous occupe en ce moment.

On peut ramener toutes ces grandes questions de l'ordre politique dont la non-solution, si on peut parler de la sorte, pèse sur les générations de notre âge, à ces quatre questions principales, qui représentent et résument en elles-mêmes, qui embrassent et dominent de leur étendue et de leur importance incontestable toutes les autres.

Première question : Pourquoi la forme monarchique, si ce n'est la monarchie, a-t-elle dû être restituée aux institutions politiques dans notre pays?

Il est certain pour tous les hommes véritablement éclairés, à peu près, maintenant, que la république proprement dite est impossible au milieu de nous, c'est-à-dire ne peut subsister d'une manière permanente et durable avec la conservation et le maintien, pour la société, de toutes ses conditions d'existence. Il y a de ce grand fait, apparemment, une raison considérable; cette raison peut être assignée aussi, mais quelle est-elle? Voilà ce qu'il s'agit de déterminer; ce qu'il y a de certain, selon nous, c'est que cette raison n'est pas du tout celle qu'on pense.

Seconde question : Pourquoi la cause de la monarchie napoléonienne a-t-elle prévalu, dans les conseils de Dieu, sur celle de la monarchie traditionnelle ou légitimiste?

Il y a beaucoup de personnes qui s'imaginent qu'un tel fait s'explique naturellement par l'avantage que Napoléon a pu tirer de sa position particulière, car il était non-seulement en France, au milieu de ses amis et partisans, il était encore au pouvoir, c'est-à-dire en possession des moyens les plus puissants d'action et d'influence ; mais cette raison nous paraît bien étroite et bien vaine ; elle ne nous satisfait nullement. Nous croyons que la Providence divine a une toute autre part dans les événements qui se succèdent en ce monde; et voici, en attendant que la lumière se fasse complétement sur ce point, ce que nous tenons pour assuré : le principe légitimiste, comme le principe napoléonien, comme aussi le principe orléaniste, sont trois principes, selon nous, essentiellement différents, mais également vrais et sains, également nécessaires et indispensables, selon la circonstance des temps et des lieux. Ils ne possèdent aucune supériorité absolue l'un sur l'autre; ils n'ont qu'une supériorité relative; je veux dire que selon que l'on a en vue tel pays, tel temps, tel peuple ou tel moment donné de la vie d'un peuple, c'est l'un de ces principes qui devra influer, régner, dominer dans la société, parce qu'il est le principe aimé et soutenu de Dieu, dans la circonstance, le principe, en un mot, providentiel. Cela posé, le principe légitimiste a bien pu être de notre pays, mais il n'est pas, pour nous, de ce siècle; le principe orléaniste peut bien être de ce siècle, pour certains peuples, mais il n'est pas, à l'époque où nous vivons, et ne sera jamais apparemment de notre pays; le principe napoléonien serait, tout à la fois, de notre pays et de notre siècle, il serait, par conséquent, le principe nécessaire et indispensable, maintenant, pour nous, et comme ce qui est nécessaire finit toujours par prévaloir, par obtenir gain de cause et se réaliser dans la pratique, il en résulte que la cause de Napoléon a détruit et aurait toujours détruit et surmonté, en tout état de choses, les obstacles qui auraient pu s'opposer à l'exaltation, à la glorification, à l'intronisation de son principe dans le monde. Mais cette explication, nous le reconnaissons, n'éclaire pas suffisamment cette grande question; pour la résoudre complétement il faudrait dire en quoi, précisément, l'idée napoléonienne est, tout à la fois, de notre pays et de notre siècle; or, c'est ce qu'on n'a pu faire encore, et c'est ce qu'il importe, au plus haut degré, au repos et à la tranquillité de la France de déterminer.

Troisième question : Pourquoi notre nation et toutes celles qui ont reçu la même constitution intellectuelle et morale, ne peuvent-elles porter le régime parlementaire et ce que l'on appelle la liberté politique? Pourquoi ce régime ne peut-il rien fonder chez ces nations, et n'y dure-t-il qu'autant et qu'aussi longtemps, l'expérience le démontrera de plus en plus, qu'il y a à renverser et à détruire, dans le champ de leur passé, pour ainsi parler, quelque chose qui fait obstacle au régime nouveau qui tend visiblement à se substituer, dans leur situation politique et sociale, à l'ancien?

A Dieu ne plaise que nous prétendions attaquer, ici, les institutions libérales et le régime parlementaire en eux-mêmes. Il suffit de voir, en effet, le merveilleux résultat que ces institutions ont eu la vertu de produire chez certains peuples, pour être persuadé qu'il n'y a là rien de mauvais, absolument parlant; mais il faut avoir bien du malheur aussi, par le temps qui court, pour n'être pas profondément convaincu que ces institutions ne valent rien du tout, et n'offrent que des inconvénients ou des dangers pour nous; qu'elles devraient nous mener et nous ramè-

neraient encore, inévitablement, à la situation funeste, pleine
de périls et intolérable de ces dernières années, situation dont
nous avons demandé, tous tant que nous sommes, que l'on nous
délivrât. Mais d'où vient, s'il en est de la sorte, que notre nation ne peut point porter le régime parlementaire et la liberté
politique, qui pourrait assigner la raison de ce grand et incontestable fait? car ce que l'on a dit, jusqu'à ce jour, sur ce sujet,
selon nous, est encore insignifiant, ou à peu près.

Quatrième question : En quoi consiste, quelle est la nature et
l'essence, à proprement parler, de la démocratie?

Il y a peu de personnes, maintenant, parmi nous, dont l'esprit
soit libre, soit dégagé de toute prévention favorable ou défavorable, et dont l'intelligence, aussi, ait quelque portée, qui ne re-
connaisse que les dispositions intellectuelles et morales de notre
nation, que ses instincts particuliers, que ses goûts, que le caractère propre et intime de son génie l'appellent à vivre désormais
sous un régime et des institutions démocratiques; il suffit pour
cela d'avoir observé un peu attentivement la marche qu'ont suivie
les événements qui se sont accomplis depuis soixante années,
parmi nous. Mais, qu'est-ce que la démocratie? en quoi consiste,
précisément, la nature, l'essence de la chose que ce mot repré-
sente? Voilà ce qu'il faudrait déterminer avec précision, car il
règne sur ce sujet, selon nous, beaucoup d'inexactitude, encore,
et de confusion dans les esprits.

Nous soupçonnons fort, pour le dire ici en passant, qu'il existe
beaucoup de rapport et d'affinité entre la seconde et la quatrième
question que nous venons de formuler, et que celui qui possé-
derait la solution de la dernière, par exemple, aurait, en même
temps, la clef de l'autre.

Voilà les quatre grandes questions de l'ordre politique à la solution desquelles, selon nous, est attaché le repos, la tranquillité,
le salut de notre pays.

Après avoir prouvé que nous ne sommes pas du tout sauvés,
politiquement parlant; après avoir dit ce qu'il faut, ce qui est
nécessaire et indispensable pour que nous le soyons, on peut se
faire encore une grande et redoutable question, on peut se de-
mander si nous le serons.

A cette question nous répondrons que nous serons ou que nous
ne serons pas sauvés, selon que les livres sérieux qui paraîtront
sur la politique dans les douze, ou quinze, ou vingt années qui
vont s'écouler, nous ne pouvons pas attendre plus longtemps,
réussiront ou ne réussiront pas à dissiper complètement les
ténèbres dont l'intelligence humaine est encore enveloppée sur
les points considérables et essentiels que nous venons d'indiquer.

Cela dit, nous devons expliquer maintenant les motifs qui nous ont porté à publier ce volume, et parler des différents objets dont il traite.

Nous avons composé, il y a quelque temps déjà, un ouvrage, fruit de trois années de solitude et de retraite, lequel est une tentative, un essai de généralisation de tous les faits appartenant au monde moral. Cet ouvrage étant peut-être trop sérieux dans son ensemble pour intéresser vivement les hommes, à une époque et dans un pays où, d'ordinaire, on a si peu l'habitude et le goût de la réflexion, nous remettions toujours à un autre temps pour le publier, ne pouvant parvenir à nous défaire d'un certain sentiment de doute et d'hésitation à l'endroit de son opportunité, quand une idée nous frappa tout à coup et nous fit voir clairement le parti que nous devions prendre.

Dans tout le cours de l'ouvrage dont nous parlons se trouvent répandus, çà et là, de grands passages, des chapitres tout entiers qui n'ont plus rien de philosophique et d'abstrait, qui sont de la plus grande clarté, au contraire, et qui non-seulement ne touchent qu'à des matières purement politiques, mais qui ont tous, plus ou moins directement, trait à l'une ou l'autre des quatres grandes questions que nous avons formulées plus haut. Ce que nous avions à faire, nous parut-il, était de réunir en un corps d'ouvrage ces différents articles, qui se lient assez bien entre eux, qui sont de nature à inspirer partout un vif intérêt, et dont les objets n'ont pas encore cessé d'être, pour ainsi parler, à l'ordre du jour. Par là, nous nous procurions deux avantages : nous avions, premièrement, l'honneur qui doit être le plus recherché de l'écrivain et du penseur, dans ce temps-ci, l'honneur de dire notre mot sur le plus grand sujet d'étude et de controverse qui puisse être proposé aux hommes ; l'autre avantage que nous nous procurions était de pouvoir sonder le terrain sur lequel nous devions opérer, c'est-à-dire de tâter le goût du public, de consulter son sentiment sur la valeur de nos idées, sur notre manière de raisonner, qui est partout la même dans nos écrits, sur le tour d'esprit, sur le caractère de style qui nous sont particuliers et propres, et d'acquérir de la sorte, s'il y a lieu, le degré de confiance qui nous a manqué jusqu'à ce jour pour publier en entier l'ouvrage que nous avons composé. Voilà de quelle manière nous avons été conduit à faire paraître ce volume que nous présentons au public.

A Dieu ne plaise que nous nous imaginions résoudre encore complétement, par le moyen des raisonnements qui sont établis dans cet ouvrage, les quatre grandes questions politiques dont nous venons de parler ; nous n'élevons pas en ce moment nos prétentions si haut ; mais il faut, avons-nous dit, pour le salut de notre pays, qu'il se forme généralement dans les esprits, sur la convenance et la nécessité du régime qui nous gouverne en ce moment, une conviction inébranlable et ferme ; il faut même, avons-nous fait entendre encore, que l'édifice de cette conviction s'élève le plus tôt possible. Or, nous essayons purement et simplement, par la publication de ce livre, d'apporter notre pierre à la construction de cet édifice, voilà tout ce que nous prétendons pour le moment.

Le titre que nous faisons porter à ce volume semblerait dire qu'il ne contient que deux chapitres, l'un sur le socialisme, l'autre sur le radicalisme. Il en renferme toutefois un plus grand nombre; nous y avons réuni tous les articles ayant trait à la politique proprement dite, qui se trouvent répandus dans notre ouvrage, de sorte que c'est non-seulement des deux grandes questions du socialisme et du radicalisme, mais encore des questions non moins considérables et essentielles de la démocratie, de l'aristocratie, des révolutions, de la monarchie libérale ou parlementaire, et enfin de la liberté, qu'il est traité dans le livre que nous publions.

Nous avons cru devoir mettre à la suite de ces différents articles, et pour terminer ce volume, le dernier chapitre de notre ouvrage, qui diffère essentiellement des précédents et qui ne contient que des considérations sur l'origine ou la cause des changements survenus dans la constitution intellectuelle et morale de l'homme depuis sa première institution; nous avons pensé que l'esprit du lecteur, fatigué peut-être de tant de politique, se reposerait agréablement sur un sujet exclusivement religieux.

Disons enfin, en terminant, que si nous adressons plus particulièrement au peuple français (1) nos considérations sur le socialisme, notre intention cependant n'est pas de donner à entendre par là qu'il ne se rencontre point de radicaux ni de conservateurs dans cette catégorie de personnes, ou qu'il n'y a point de socialistes dans les autres classes de la société; nous avons voulu seulement rappeler tout d'abord à l'esprit cette idée qui est exacte et vraie, à savoir que c'est surtout parmi les classes laborieuses que le socialisme se recrute.

Disons encore que si nous adressons plus particulièrement aussi à la bourgeoisie française nos considérations sur le radicalisme, notre intention n'est pas non plus de donner à entendre par là qu'il ne se rencontre point de socialistes ni de conservateurs dans cette classe de la société, ou qu'il n'y a point de radicaux dans le peuple; nous avons voulu seulement rappeler, tout d'abord, à l'esprit cette idée, qui est exacte et vraie aussi, à savoir que c'est surtout parmi les classes riches, les classes éclairées et instruites, que le radicalisme se recrute.

(1) Le livre dont nous ne donnons dans cette brochure que quelques extraits doit porter le titre suivant : *Essai sur le Socialisme à l'adresse du peuple français*, suivi d'un autre *Essai sur le Radicalisme à l'adresse de la bourgeoisie française*.

FIN.

PREMIER EXTRAIT,

Où l'on examine la question de savoir si l'époque où nous vivons est une époque de ruine et de dissolution, une époque de décadence pour notre société.

. . . .
. . . .
. . . .

Ce qu'il faut donc examiner maintenant, pour atteindre le but que nous nous proposons, c'est la question de savoir si, comme le pensent bien des personnes d'ailleurs très-éclairées et très-habiles, notre époque actuelle est une époque de décadence et de dissolution sociale pour nous; si notre nation est une nation corrompue, avilie, dégénérée; une nation qui se précipite vers sa ruine, et qui n'a plus que de tristes jours, que des jours mauvais à traverser.

Nous ne saurions exprimer dans des termes capables de donner une juste idée de la force de la conviction qui remplit notre âme à cet égard, combien nous sommes persuadé que le siècle où nous vivons, malgré toutes les apparences peut-être, n'est pas un siècle de décadence et de dissolution pour notre nation non plus que pour toutes les autres sociétés européennes; cette vérité se montre à notre esprit si claire et si incontestable, nous sommes tellement pénétré et rempli de sa lumière, que loin d'éprouver du doute et de l'hésitation à en manifester la croyance, nous avons au contraire une sorte d'impatience de le faire.

Et d'abord, avant toute autre considération ou raisonnement, ne serait-il pas bien étonnant, ne serait-il pas même inconcevable, que des nations formées, préparées de si loin à la civilisation par le christianisme, c'est-à-dire par la religion la plus propre à donner aux hommes, quand il ne les ont pas reçues de la nature, la rectitude, la solidité, la force de l'esprit, la modération, la gravité du caractère, la simplicité, la dignité, la bonne foi, les bonnes mœurs, à leur donner, en un mot, toutes les qualités morales qui préservent l'âme des vices qui mènent à la décadence ou plutôt qui la constituent; que ces nations, disons-nous, fussent arrêtées déjà, dans leur développement, leur progrès intellectuel et moral, déclinassent déjà, fussent déjà enfin sur le point d'accomplir leur destinée, alors qu'elles sont à peine sorties des ténèbres de l'ignorance et de la barbarie, car le progrès, parmi nous, ne date, pour ainsi parler, que d'hier, tandis que les nations anciennes, au contraire ; tandis que les deux nations romaine et grecque, par exemple, qui se sont formées et développées, cependant, sous l'influence des principes et des enseignements du paganisme, c'est-à-dire d'une religion qui portait en germe au fond de ses doctrines toutes les erreurs et par conséquent tous les vices d'une religion qui n'éclairait point, qui n'élevait point l'âme, qui ne pouvait prêter aucun soutien à ses forces morales, tandis que ces nations, disons-nous, auraient été bien plus heureuses et bien mieux partagées qu'elles, puisqu'il leur aurait été donné, avant d'éprouver les atteintes de la maladie morale dont elles devaient mourir, avant de se voir précipitées sans retour dans la décomposition sociale, de vivre et de subsister longtemps éclairées et florissantes, puisqu'il leur aurait été donné, en d'autres termes, de conserver leur civilisation dans sa plénitude et dans sa force, pendant plusieurs centaines d'années au moins, ce qu'il ne serait pas vrai de dire des nations modernes, s'il était certain qu'elles fussent déjà sur le penchant de leur ruine, et qu'elles n'eussent plus que des jours mauvais à traverser, puisqu'en effet ces nations étaient presque toutes encore à demi barbares il n'y a pas cent ans. Il y aurait dans ce fait là, je le répète, quelque chose qui ne se concevrait point, qui resterait toujours inexplicable, et que la raison se refuse obstinément d'admettre.

Voilà une première considération, avant toute autre, comme nous avons dit, qui est de nature à disposer singulièrement l'esprit à croire, malgré toutes les apparences peut-être, que l'époque actuelle n'est pas une époque de décadence, une époque de ruine et de dissolution sociale pour notre nation, non plus que pour toutes celles qui nous entourent, dans notre Europe, ou qui vivent, en quelque lieu de la terre que ce soit, des mêmes principes et de la même vie morale que nous.

Mais nous n'en sommes pas réduit à cette seule considération; nous pouvons apporter de l'exactitude et de la vérité de l'opinion que nous soutenons ici, une preuve positive, une preuve directe, une seule et unique preuve, mais une preuve suffisamment concluante à nos yeux, laquelle se tire de la considération des principaux traits de l'examen des circonstances physiques et morales qui caractérisent, à proprement parler, et accompagnent chez tous les peuples et dans tous les lieux le grand phénomène social dont il est ici question.

Ce qui constitue, en effet, le principal trait, le trait caractéristique et essentiel de la décadence, et ce dernier mot luimême, d'ailleurs, l'indique d'une manière admirable, c'est que tout dans une société humaine parvenue à cette période fatale de son existence, se trouve dans une voie de diminution, de dépérissement, de ruine ; c'est que tout s'y appauvrit, s'y éteint, s'y meurt sensiblement dans les choses physiques pour le moins autant que dans les morales.

Le génie, jusque-là créateur de l'homme d'abord, n'aperçoit, ne découvre, ne produit plus rien dans les diverses voies ou carrières qui ont été ouvertes à son activité ; les générations passent, elles se substituent, se succèdent les unes aux autres, et ne font plus en se succédant que se transmettre, quand elles se le transmettent encore, le dépôt, surlequel elles vivront désormais, des inventions et des connaissances acquises. Mais non-seulement l'esprit, chez l'homme, c'est-à-dire le principe des phénomènes des opérations intellectuelles, semble frappé de stérilité et d'impuissance ; l'âme elle-même, c'est-à-dire le principe de la moralité en lui, a perdu toute sa dignité et sa valeur : les caractères sont toujours avilis, en effet, sont toujours abaissés dans la décadence des sociétés humaines. On ne voit plus alors, chez les particuliers, cette obstination, cette ardeur, cette fierté de résolution et de courage que l'on ne peut s'empêcher d'admirer ; cette exaltation de vertu et d'héroïsme dont on reconnaît à chaque instant les signes au milieu de nations qui sont encore vaillantes, qui sont encore saines et fortes, et qui rendent les hommes capables, qui les rendent heureux même de supporter l'obscurité, la pauvreté, les privations, les humiliations, la douleur et quelquefois la mort même et les supplices, plutôt que de consentir à ce qui leur paraît contraire à la justice et à la vérité. Quant aux mœurs enfin, qui ont bien de la peine à se soutenir déjà quand les sociétés sont florissantes et prospères, quand elles marchent dans une voie de développement régulier et de progrès intellectuel et moral, elles sont tout à fait perdues et gâtées, cela se conçoit, dans la décomposition sociale, et atteignent toujours alors, si nous en croyons au témoignage de tous les monuments historiques, le dernier terme de la dégradation et de la honte.

Mais ce n'est pas tout : ce qui est encore un trait particulier et caractéristique de la décadence, c'est que la richesse, la prospérité matérielle des peuples dont se composent les sociétés qui sont travaillées et souffrent de ce mal est toujours essentiellement et irréparablement atteinte. Rien ne paraît plus répondre, en effet, parmi ces peuples, aux travaux et aux espérances des hommes. Toutes les classes de la société y souffrent plus ou moins d'abord, y sont plus ou moins dans la difficulté et dans la gêne. Les ressources dont elles disposent, qui leur avaient suffi jusque-là, ne leur permettent plus de faire face aux éventualités toujours plus fâcheuses et plus tristes, et aux charges que le malheur des temps leur impose. Un appauvrissement, par conséquent ; une ruine, une misère universelle gagne peu à peu, s'étend de proche en proche, et finit par affecter toutes les positions et tout le monde. Le sol aussi, dont la vertu, dont la force productrice avait été, jusque-là, toujours croissant, participe au dépérissement général. La terre paraît frappée du même état de stérilité et d'épuisement que le génie de l'homme, comme si elle ne daignait plus fournir, ne fournissait plus qu'à regret la subsistance à des nations avilies et dégénérées, qui ne sont plus dignes de vivre. Les populations, enfin, vont toujours diminuant, sont toujours de plus en plus clair-semées et rares dans la décadence, au lieu de se succéder toujours de plus en plus serrées et drues, de plus en plus nombreuses, comme elles le font constamment quand les sociétés sont dans leur plénitude et dans leur force.

Ainsi donc tout s'en va, tout disparaît pour les sociétés humaines : dignité, génie, vertu, bonnes mœurs, fécondité du sol, population, prospérité, richesse, tout est emporté dans ce grand écroulement qui constitue et caractérise à lui seul ce dernier terme, cette période fatale et suprême de leur existence que l'on désigne sous le nom de décadence.

Or, maintenant, l'époque où nous vivons offre-t-elle, soit au milieu, soit autour de nous dans le monde, tous les traits ou même seulement quelques-uns des traits que nous venons de donner comme caractéristiques de la décadence ? Non, évidemment, pour peu qu'on veuille examiner, considérer, peser la chose avec un esprit libre, un esprit dégagé de toute prévention favorable ou défavorable.

La fécondité de l'esprit humain, d'abord, n'est pas épuisée, tant s'en faut, parmi nous, dans ce siècle ; il n'est besoin, pour s'en assurer de la manière la plus positive, que de se rappeler cette foule véritablement étonnante de procédés nouveaux, d'inventions, de découvertes qui ont été effectués depuis un petit nombre d'années seulement, dans le domaine des sciences physiques et naturelles, et généralement dans toutes les carrières où son activité s'exerce. Il y a je ne sais quoi, même, et je ne puis me dérober à cette croyance, qui me porte à penser que le génie de l'homme produira, dans les temps qui vont s'écouler, des merveilles bien autrement considérables que celles dont nous avons été témoins encore, et que tout le progrès qu'il a fait jusqu'à ce jour, dans son mouvement, de quelque côté que ce soit, n'est que le premier pas de sa course. Les caractères, ensuite, autant du moins que l'observation et l'expérience ne nous ont pas induit en erreur, ne sont pas encore, à tout prendre, abaissés (1), et ne paraissent pas près de l'être. Les mœurs, il est vrai, sont dans un grand état de détérioration et

(1) Nous entrerons ailleurs, sur ce point, dans quelques développements nécessaires qui nous mèneraient trop loin ici.

de souffrance, mais je les crois susceptibles de beaucoup d'amélioration, maintenant que les gouvernements paraissent avoir
compris que gouverner ce n'est pas tant recueillir des impôts,
exécuter de grands travaux matériels, préparer des systèmes
nouveaux d'attaque et de défense, qu'instruire, qu'éclairer, que
soutenir dans le bien, qu'élever et que moraliser les peuples.
Quant aux autres points particuliers que nous avons énumérés
plus haut, est-il nécessaire ici d'y insister? n'est-il pas établi, à
chaque instant, par une foule de relevés, de statistiques, que la
population augmente incessamment parmi nous ; que le sol de
notre patrie est de plus en plus fécond et productif ; que l'aisance pénètre de plus en plus partout, devient de jour en jour
plus générale et plus universelle; que la richesse et la prospérité
publiques, enfin, bien qu'elles soient, de temps en temps, trou-
blées, interrompues, enrayées dans leur développement par des
événements que toute la sagesse des hommes ne saurait prévenir, se trouvent toujours, en définitive, pour peu que les circonstances redeviennent bénignes et favorables, dans une voie
d'amélioration et de progrès. L'époque actuelle n'offre donc
pas, au milieu de nous, tous les traits ni même seulement quelques-uns des principaux traits que nous avons indiqués comme
caractéristiques de la décadence, elle n'est point, par conséquent, pour notre nation, que les bons esprits, que les honnêtes
gens se rassurent, une époque de ruine et de dissolution sociale.

Une nation, à proprement parler, c'est un homme, et on peut
comparer les différentes phases, les périodes bien caractérisées
et bien tranchées qu'elle doit traverser, pendant qu'elle accomplit sa destinée, sur la terre, aux différents âges entre lesquels
on a coutume de partager toute la durée de l'existence humaine. De même que l'on distingue aisément, en effet, dans la
vie de l'homme, une période bien définie que l'on appelle enfance ; que l'on distingue une autre période, bien caractérisée
aussi, que l'on appelle jeunesse ; une troisième que l'on désigne
sous le nom d'âge mur, ou de maturité; une quatrième que l'on
appelle vieillesse ; et enfin une cinquième qui constitue le dernier terme de la vie et qui porte le nom de décrépitude; de
même aussi il est facile de reconnaître, dans la vie des peuples,
cinq âges bien différents, bien caractérisés et bien tranchés par
où ils doivent passer successivement; cinq âges auxquels on
peut appliquer aussi, à juste titre, les dénominations d'enfance,
de jeunesse, de maturité, de vieillesse, et de décrépitude.

Les siècles qui viennent de s'écouler jusqu'au seizième, inclu-
sivement, constitueraient, selon nous, l'enfance de notre nation ;
les deux suivants, le dix-septième et le dix-huitième, constitueraient sa jeunesse; le siècle actuel, c'est-à-dire le dix-neuvième,
et ceux qui lui succèderont immédiatement, constitueraient son

âge mûr ; la vieillesse et la décrépitude ou la décadence viendront ensuite, si elles doivent, toutefois, venir pour elle comme elles sont venues pour les nations anciennes; car je crois presque à l'éternité des sociétés humaines qui vivent sous l'action, sous l'influence et la sauvegarde du christianisme.

Quoique l'époque où nous vivons soit celle de la maturité, selon nous, pour notre nation, nous ne ferons point difficulté de reconnaître, cependant, qu'il existe quelques symptômes réels de dissolution sociale, en ce moment, parmi nous; mais ces symptômes attestent moins l'existence que la possibilité de la décadence : ils ne constituent point la décadence, il ne leur faut pas attribuer plus d'importance qu'on n'en attribue à certains symptômes analogues qui se produisent dans la maturité de la vie humaine. L'homme n'a pas plutôt mis le pied dans l'âge mûr, en effet, que déjà il se manifeste dans sa constitution quelques signes fugitifs, quelques symptômes légers, mais appréciables néanmoins pour un œil exercé, de caducité et de vieillesse ; ce qui n'empêche point l'âge mûr, cependant, d'être l'âge mûr, c'est-à-dire le plus précieux et le plus beau de la vie humaine, celui auquel il faudrait souhaiter que l'humanité s'arrêtât, si elle devait cesser de se renouveler successivement, si les mêmes hommes, autrement dit, devaient vivre éternellement sur la terre.

Ce qui fait l'illusion de beaucoup de personnes parmi nous, ce qui leur est un sujet profond d'inquiétude et de tristesse, en leur donnant lieu de croire que l'époque actuelle est une époque de ruine et de dissolution sociale pour notre nation, c'est que ces personnes apercevant du mal dans notre société, et il y en a beaucoup, en effet, on ne le peut point contester, s'imaginent en même temps qu'une société est perdue quand une fois le mal s'y est introduit, et y soutient un assaut, un combat, une lutte incessante contre le bien ; mais ce sentiment est une erreur profonde. La plus belle époque de la vie des peuples, en effet, et la plus triste ; l'époque de leur maturité, autrement dit, et celle de leur vieillesse ou de leur décrépitude ont cela de particulier et de commun que le bien et le mal y sont également en présence, et y soutiennent, l'un contre l'autre, une lutte vive et acharnée. Toute la différence est là que dans le premier cas le bien est toujours plus profond, plus puissant et plus fort que le mal, tandis que dans le second, au contraire, c'est le mal qui est toujours plus profond, plus puissant et plus fort que le bien, situation qui doit mener inévitablement les sociétés à leur perte.

Ainsi donc, l'époque où nous vivons n'est pas une époque de ruine et de dissolution sociale, une époque de décadence pour notre nation; il suffit pour s'en convaincre d'examiner quelque peu les données que l'observation et le raisonnement fournissent.

SECOND EXTRAIT,

Où l'on essaye de déterminer quelles sont les causes réelles
des révolutions politiques.

. . . .
. . . .
. . . .

On a demandé bien souvent quelles sont les causes des révolutions politiques, de ces grands événements qui modifient,
transforment ou bouleversent si profondément les institutions,
les lois, les mœurs, les intérêts et toute la situation, toute l'économie politique et sociale des peuples. Il nous paraît assez
facile, cependant, au point où nous sommes parvenus du développement de nos idées, de déterminer avec précision ces
causes.

Les révolutions doivent être attribuées, selon nous, à trois
causes sans la réunion, sans le concours desquelles elles n'existeraient pas; elles tiennent :

Premièrement à ce que le parti de l'ordre, quand il est en
possession du pouvoir, ne veut jamais admettre aucun changement, aucune modification à ce qui existe, que cette modification
ou que ce changement ne soit où ne lui paraisse évidemment
bon et salutaire.

Secondement, à ce que parmi cette foule de conceptions, de
projets, de mesures tontes plus dangereuses, plus déraisonnables et absurdes les unes que les autres, que propose et
soutient avec tant de persévérance et tant d'ardeur le parti révolutionnaire, il y en a de temps en temps quelqu'une qui n'est
pas si absurde et si déraisonnable qu'elle le paraît, et qui est
de nature à produire les plus salutaires et les plus excellents
fruits dans la pratique.

Troisièmement, enfin, à ce que quand une innovation quelconque proposée et soutenue par le parti révolutionnaire est
bonne en soi; qu'elle a de son côté, comme nous avons dit plus
haut, la vérité, la raison, la justice, qu'elle est un véritable progrès, en un mot, sur les institutions existantes, à ce que, dis-je,
cette innovation, si absurde et si déraisonnable qu'elle paraisse,
et si grands que soient les obstacles qu'on lui oppose, doit toujours finir par l'emporter, par obtenir gain de cause et se réaliser
dans la pratique, Dieu ayant incliné, dans ses desseins, ayant

tourné toute chose de manière qu'il n'en pût être autrement, et rien n'étant capable d'empêcher les déterminations de la volonté de Dieu d'obtenir tout leur effet en ce monde.

Voilà, selon nous, les trois causes auxquelles il faut rapporter les révolutions qui éclatent, de temps en temps, dans le monde ; d'ou il suit incontestablement que les révolutions sont nécessaires et inévitables, sont providentielles, sont éternelles, aussi longtemps que l'homme sera soumis à la loi du progrès politique et social.

De ce que nous venons de dire, il suit encore qu'aucune révolution n'aurait lieu si les lumières que Dieu a départies à l'homme étaient plus étendues, plus assurées, plus grandes, étaient assez étendues, par exemple, pour qu'il lui fût toujours possible de voir ce que porte de bien ou de mal tout changement, toute innovation quelconque dans les institutions politiques, et qu'à progrès, qu'à civilisation égale, par conséquent, de deux peuples donnés, le peuple dont la raison générale est la plus supérieure, dont les lumières sont les plus étendues, les plus hautes, est toujours celui qui compte un moins grand nombre de révolutions dans son histoire.

Mais n'y aurait-il pas moyen, nous dira-t-on, d'aller au-devant des révolutions, de les prévenir, de les rendre inutiles, et d'épargner ainsi à l'humanité l'épreuve de ces bouleversements périodiques dont le siècle où nous vivons a vu déjà tant d'exemples, et qui ont semé de si tristes jours, de jours si douloureux la carrière qu'il lui a été donné de parcourir jusqu'ici ; et ne suffirait-il point pour cela, par exemple, que le parti de l'ordre laissât passer de temps en temps, laissât appliquer comme expérience, quelques-uns de ces projets de réformes ou de changements dont le parti révolutionnaire vante, à tout propos, l'efficacité, alors même qu'il ne lui paraîtrait pas évident que ces réformes seront fécondes et porteront de salutaires et d'excellents fruits dans la pratique ? En effet, parmi les institutions nouvelles admises ainsi à la grande épreuve de l'expérience se trouveraient apparemment toutes celles dont vous venez de dire qu'elles ne sont pas si absurdes et si déraisonnables qu'elles le paraissent, qui ont la vérité, la raison, la justice de leur côté, qui sont de véritables progrès sociaux, et ont, par conséquent, l'avenir, quoique l'on puisse tenter et entreprendre pour l'empêcher, devant elles. L'expérience ferait reconnaître aisément le mérite de ces institutions ; elles seraient adoptées, dès lors, sans retour, et ainsi se trouveraient évitées les révolutions que Dieu eût laissé s'accomplir sans cela, pour assurer leur établissement ; ces révolutions, en effet, n'ayant plus de nécessité, de raison d'être, n'étant plus possibles, par conséquent, si nous avons bien entendu et compris ce que vous venez de dire.

Voilà l'observation que l'on pourrait être tenté de nous adresser ; mais qui ne voit que le remède, ici, serait cent fois pire que le mal ? Non, il ne serait pas bon, il serait au plus haut degré funeste et désastreux, au contraire, sous le point de vue de la conservation et du salut de la société, que le parti de l'ordre fît l'expérience de toutes ces institutions nouvelles dont l'imagination des hommes du parti révolutionnaire voudrait doter le monde, et dont l'utilité, la convenance, l'à-propos ne lui paraissent pas démontrés, dans l'espérance, par ce moyen, d'aller au-devant des révolutions, de les prévenir, en les rendant superflues et inutiles. Le système qui consiste à rejeter toute innovation, tout changement dont l'utilité ne paraît pas évidente, est le plus sûr, à beaucoup près, est le seul sûr. Il expose à des révolutions, sans doute, nous venons de le reconnaître, mais il ne compromet pas du moins l'existence de la société, car le salut des sociétés humaines, on ne le sait pas assez dans le monde, ne tient pas à ce qu'il n'éclate jamais de révolutions politiques, il tient à ce que ces révolutions ne portent pas tous les fruits, toutes les conséquences que ceux qui les ont accomplies en attendent ; le salut des sociétés humaines, en d'autres termes, ne tient pas à ce que les radicaux ou les socialistes n'arrivent jamais au pouvoir, il tient à ce qu'ils n'y restent pas, et ils n'y resteront jamais aussi longtemps qu'il y aura dans le monde un parti de l'ordre, un parti des nécessités sociales, dont la grande affaire sera de reprendre contre eux, après chacun de leurs succès, la défense de tous les principes conservateurs de la société, et de se tenir prêt à recevoir de leurs mains l'autorité pour la remettre dans ses vraies voies, aussitôt que, par le jeu naturel et inévitable des événements, cette autorité leur échappe. Or, le parti de l'ordre cesserait d'exister le jour où il serait infidèle à ce grand principe : qu'il faut rejeter hardiment toute innovation, tout changement proposé dans les institutions, dont l'utilité ne paraît pas évidente, car il se confondrait, dès ce jour même, avec le parti révolutionnaire, et c'est alors seulement que tout serait perdu.

De tout ce qui précède il suit, comme l'on voit, que c'est encore plus un devoir que ce n'est un droit strict et rigoureux, pour le parti de l'ordre, de rejeter, en politique, toute mesure, toute innovation, tout changement qui ne lui paraît pas évidemment bon et salutaire, l'intérêt de son existence étant, en effet, le plus considérable de tous pour une société, et aucun parti politique, sous quelque prétexte ou considération que ce soit, ne pouvant jamais être autorisé à mettre en péril cet intérêt.

Que ce parti ait donc la foi, ait la confiance la plus absolue et la plus inébranlable dans ses principes ; qu'il marche courageusement dans sa voie et ne se laisse point détourner de l'œuvre qu'il accomplit sur la terre ; qu'il ait toujours devant les yeux, enfin, pour prendre une juste idée de la nature et de la nécessité de cette œuvre, et s'affermir aussi de plus en plus dans ses résolutions, que le jour même où il a dédaigné, après avoir tout fait pour en apercevoir le mérite, où il a rejeté une très-salutaire et très-excellente mesure qui lui est proposée à adopter, une mesure qui doit contribuer, au plus haut degré, à l'avantage et à la prospérité des peuples, et qui est appelée, par conséquent, à triompher de tous les obstacles qui lui seront opposés ; que ce jour-là, dis-je, il peut prétendre encore qu'il a sauvé la société, quand même il aurait ouvert la porte à vingt révolutions, car, pour sauver la société, il lui suffit toujours tout simplement, si l'on a bien compris et entendu, quand il n'a rien négligé, quand il a tout entrepris et tout tenté, moralement parlant, pour s'éclairer, car c'est là un devoir sacré, une obligation suprême pour lui, d'agir selon les lumières et les inspirations de sa conscience.

TROISIÈME EXTRAIT,

Où l'on se propose de rechercher quelle est la cause réelle des changements survenus dans la condition de l'homme ; quelle est leur origine première, et si nous la devons chercher en nous ou hors de nous.

L'homme n'a pas toujours été tel que nous le voyons maintenant ; il ne possède plus qu'une ombre vaine, qu'une image imparfaite et défigurée de lui-même. Tout, en effet, tout en lui conserve encore la marque d'une condition primitive plus heureuse, plus durable, et néanmoins disparue ; tout rappelle un plan plus vaste, plus parfait, plus indestructible, et néanmoins détruit par quelque catastrophe inouïe qui aurait bouleversé son être.

Voilà ce qu'une première observation présente à notre esprit. Mais, pour que cette grande vérité nous apparaisse dans toute son évidence, il faut que nous examinions auparavant quel est notre état présent, ce que nous sommes devenus, ce qui nous est resté enfin de tant de priviléges qui faisaient le bonheur et le partage de l'homme dans sa première condition.

Ce qui nous est resté ! peut-on l'ignorer encore ? est-il besoin de le dire ? Un corps et des organes fragiles que la maladie ruine, que la mort environne, et dont toute l'existence n'est plus qu'un pénible effort, qu'une longue et douloureuse lutte contre un principe de dissolution sans cesse menaçant ; des penchants dont l'élévation ravit quelquefois, il est vrai, mais dont, le plus souvent, l'abjection et l'indignité attristent et désolent; un cœur que tout agite et que rien ne remplit, toujours prêt à défaillir sous le moindre souffle des passions, et dont les désirs sont aussi infinis que les résolutions sont faibles, un cœur visiblement fait pour le bonheur et incapable néanmoins de soutenir, sans trouble et sans éblouissement, la moindre prospérité; une raison d'autant plus sérieuse et désabusée, d'autant plus triste et défiante d'elle-même qu'elle a plus de lumières et de valeur réelle, qu'elle est plus expérimentée et plus profonde, une raison dont le chef-d'œuvre est de se combattre elle-même et qui a besoin de tout savoir avant de savoir qu'elle ne sait rien ; tout enfin, tout marqué au coin d'une grandeur humiliée, d'une opulence disparue, d'une beauté ravie et, pour tout dire en un seul mot, d'un irréparable malheur.

Voilà ce que nous sommes devenus; reconnaissons-nous à ce tableau. Et maintenant, quelle estime et quel fonds pouvons-nous faire encore de ces faibles restes de nous-mêmes, si défectueux et si vains? Que pouvons-nous bâtir sur de pareils fondements qui ne soit toujours menacé d'une ruine prochaine? Connaissons-nous donc bien nous-mêmes, connaissons bien notre faiblesse et le principe de cette faiblesse, et cette connaissance nous montrera dans son vrai jour tout ce qui se passe en nous et hors de nous, et nous ne serons plus surpris qu'il y ait tant d'événements divers, tant de catastrophes inouïes, tant de retours soudains et imprévus dans les histoires des hommes, ni qu'il se soit trouvé tant de soupirs et tant de larmes dans tous les âges comme dans toutes les conditions de l'existence, dans la cabane du pauvre comme dans le cœur et sous la paupière des rois, car nous en aurons découvert la source dans cette secrète défaillance, dans ce dépérissement insensible, mais continuel, qui affecte intérieurement toutes les choses d'ici-bas, et que rien ne saurait prévenir ni réparer; dans ce caractère d'affliction inhérent à leur nature intime, et qui fait comme le fonds de leur fragile substance.

Mais, nous dira-t-on, quelle est donc enfin la cause réelle de tant de changements survenus dans notre propre condition, et dont le résultat nous a été si fatal? quelle est leur origine première ; devons-nous la chercher en nous ou hors de nous?

C'est là une grande et décisive question, une question aussi ancienne que le monde, et, pour ainsi dire, toujours nouvelle, dans laquelle tout le nœud de notre nature vient prendre ses détours et ses replis, et dont la solution doit être de la plus extrême importance pour l'homme.

Et d'abord, il est sans aucun doute que, même à ne considérer que les lumières d'une saine raison, on ne saurait admettre qu'un état plein de misère comme le nôtre soit l'œuvre de ce grand

Dieu dont nous reconnaissons, ici-bas, la majesté suprême, et qui, sans épuisement comme sans effort, a fait le ciel et la terre et toutes les choses visibles et invisibles. Oui, s'il en était de la sorte, nous aurions le droit de conclure, en découvrant en nous tant d'imperfections et tant d'infirmités ; en voyant tant de présomption à côté de tant d'ignorance, une si grande confiance unie à une si extrême faiblesse ; en voyant tant d'espérances conçues dont l'esprit de l'homme se travaille avec si peu de succès, et tant de maux soufferts dont les résultats lui sont si infructueux et si vains ; en voyant, dis-je, tout ce qu'il y a d'impossible, de contradictoire et d'étrange dans notre nature, nous aurions le droit de conclure que l'Être suprême, en nous formant, a manqué au moins de bonté, s'il est vrai de dire qu'il a fait acte de puissance. Or, cette conclusion ne répugne-t-elle pas infiniment à l'idée que nous devons avoir des perfections divines ?

Dieu, en effet, est un être dont tous les attributs sont infinis, c'est-à-dire que rien n'est capable de le borner dans sa bonté non plus que dans sa puissance ni que dans ses lumières ; c'est-à-dire qu'il doit être le conservateur tout aussi bien que le créateur de toutes choses, et que sa providence doit veiller, avec une sollicitude égale, sur toutes les œuvres de ses mains ; c'est-à-dire, encore un coup, qu'il ne saurait vouloir, de son propre mouvement, ni le malheur, ni l'abaissement, ni la désolation, ni la ruine de rien.

Voilà ce que nous ne craignons pas d'affirmer, au nom des plus saines lumières de la raison. Mais, nous dira-t-on peut-être encore, comment pouvons-nous croire que Dieu ne veuille la ruine de rien, nous qui avons appris par l'histoire de tous les siècles passés, comme par la considération attentive et réfléchie de toutes les choses présentes, que rien de tout ce qui commence ici n'est fait pour durer, et que toutes ces productions si étonnantes et si variées de l'intelligence et du génie humains, qui ont le privilége d'exciter en nous tant d'admiration et qui ont souvent coûté tant de travaux et tant d'efforts, ne sont d'ordinaire pas plutôt sorties de leur néant et n'ont pas plutôt apparu quelques instants sous le soleil, qu'on les voit déjà tendre vers ce fatal déclin qu'il ne leur est pas permis d'éviter, et se précipiter toutes, pour ainsi dire, peu après, dans une même ruine, pour ne plus former bientôt qu'une même poussière, après avoir montré parfois une telle hâte de disparaître, qu'il semble qu'il n'y ait rien de plus pressant pour elles que de finir, et que la mort leur soit plus naturelle que l'existence ?

Tel est, sans doute, on ne le peut point méconnaître, tel est le sort de tout ce qui existe, et la terre ne nous présente, en effet, dans la longue succession des siècles, que le spectacle d'un vaste champ couvert des débris que la main du temps y a ramassés de toutes parts. Mais il faut reconnaître aussi que cette même ruine et que ce débris universel qui s'effectuent à chaque instant de toutes nos œuvres, ne sont pas une suite inévitable des desseins de Dieu sur nous, qu'il veut, au contraire, la conservation et le maintien de tout; et pour l'intelligence de cette vérité, rappelons ici quelques principes dont la connaissance éclaircira tout ce grand mystère des vicissitudes humaines.

Dieu, ayant formé l'homme à son image, lui fit le don d'une grande et noble faculté, d'une faculté qui le distinguât du reste des créatures, et qui consommât cette ressemblance qu'il voulait que nous eussions avec sa divine essence. C'est par cette faculté que l'homme tient, dans cet univers visible, le rang suprême qu'il y occupera jusqu'à la fin; c'est par cette faculté qu'il use de toutes les créatures et qu'il les domine avec tant d'empire; qu'il considère la vaste étendue des cieux et qu'il la mesure avec tant de précision; qu'il triomphe et se joue de l'espace et de la durée, bien qu'il soit enseveli et perdu comme un point dans leurs abîmes; c'est par cette faculté, enfin, qu'il sait poser des fondements, imaginer des desseins, concevoir et enfanter des œuvres qui paraissent capables de se soutenir elles-mêmes, et de durer.

Mais ce n'est là qu'une vaine apparence qui fait toute notre illusion. Car cette faculté, qui semble nous élever si haut, n'est, après tout, qu'une faculté d'emprunt dont il faut que Dieu nous continue à chaque instant le don; et ces productions qu'elle fait sortir de nos mains ne peuvent subsister que si sa providence ne cesse de les soutenir de son appui; or, ce don renouvelé sans cesse et cet indispensable appui, cet appui dont le manque est si visiblement la source de toute faiblesse et de toute caducité, il ne nous les assure qu'à la condition que toutes nos œuvres, quel que soit le principe ou la fin qui les anime, auront toujours un résultat à sa louange, qu'elles feront toujours honneur à son saint nom, qu'elles raconteront aussi sa gloire et ses merveilles, à l'exemple de ces cieux et de ce firmament qui publient la grandeur et la multitude des siennes, et enfin qu'elles entreront, pour ainsi dire, comme une harmonie de plus dans ce concert de reconnaissance et d'amour que toute la création élève vers son auteur. Alors il les considèrera, ces œuvres, avec complaisance et avec amour, il les appuiera, il les adoptera, il leur mettra du cœur et du nerf, et tout se développera, tout grandira, tout deviendra digne d'un tel protecteur, et les royaumes prospèreront, et tous ces grands desseins si souvent ruineux de l'homme, se poursuivront et atteindront enfin cette plénitude et cette fécondité de résultats que le monde en espérait. Tandis que si, au contraire, tout n'est pas établi dans nos desseins, de telle sorte que la gloire de Dieu en soit toujours le résultat final, si nos œuvres le méconnaissent, le déshonorent ou le détruisent, alors il se retire du milieu d'elles, et tout périt; tout périt, mais aussi tout s'explique, car que l'on regarde bien au fond de tous ces grands changements que le Ciel nous donne en spectacle, pour nous instruire, on y verra partout que ce qui disparaît avait été depuis longtemps déjà abandonné de Dieu; on y verra partout le caractère de cette séparation divine et de cette absence irréparable dont rien ne peut combler le vide; il se retire donc, je le répète, et tout périt, tout se trouble et se déconcerte d'abord, tout se dénature et se corrompt bientôt après, tout chancelle et craque, enfin, de ce craquement sourd et fatal que toute oreille attentive peut reconnaître et saisir, mais que rien ne saurait arrêter quand Dieu n'assiste plus, et qu'il retire aux choses la main qui les soutient pour les laisser périr dans les nécessités et les aveuglements de leur destin.

L'abandon de Dieu, quand il devient une œuvre de justice, est donc la véritable source de cette fragilité qui se découvre au fond de toutes les choses humaines, et peut seul nous donner le mot de ces étonnantes vicissitudes qui accablent le cœur de l'homme et déconcertent son jugement, pour peu qu'il vienne à perdre de vue le grand principe que nous venons de poser. Quant à nous, affermis sur ce solide fondement, nous tirerons de tout ce qui précède cette grande et salutaire vérité : que toute ruine est un châtiment, et nous nous appliquerons à nous-mêmes cette vérité, car nous aussi nous sommes une ruine, chez nous aussi « le comble *s'est abattu sur les murailles, et les murailles sur le fondement,* » pour me servir de la vive et forte expression d'un orateur chrétien.

Que si pourtant on ne voulait point recevoir ces preuves tirées de notre propre raison, je les abandonnerais sans regret, car, il faut bien le reconnaître, tout ce que produit cette même raison, quelque effort qu'elle tente pour assurer ses vues et pour enfler ses conceptions, conserve toujours quelque côté défectueux dont il est difficile de couvrir la faiblesse; mais alors que l'on écoute donc les enseignements que le Saint-Esprit nous fait, dans les divines écritures, que l'on écoute en peu de mots cette histoire, cette triste et lamentable histoire, notre histoire, cette histoire digne d'être publiée à jamais, sur toute la face de la terre, dans les hauteurs des cieux comme jusqu'au fond des enfers !

Dieu venait de créer le ciel et la terre et toutes les choses visibles et invisibles; il venait de créer la lumière, d'étendre la voûte du firmament et de peupler l'espace de ces milliers de mondes dont l'imagination de l'homme se perd à calculer l'étendue; il venait de créer toutes les plantes qui croissent, tous les animaux qui respirent, et de leur donner avec la vie le pou-

voir de la reproduire jusqu'à la fin, par la semence qu'ils portent
en dedans d'eux-mêmes, chacun selon son espèce ; il venait,
enfin, de répandre en même temps que l'être, le mouvement,
l'organisation et la vie, à travers le champ illimité et infini de
l'espace.

Voilà ce que le Tout-Puissant venait de faire, lorsque s'arrê-
tant, pour ainsi dire, à cet endroit de ses opérations divines, et
contemplant avec satisfaction le spectacle de l'univers sortant
de ses mains, avec les harmonies et les mouvements, avec la
parfaite mesure et l'équilibre de toutes ses parties, il vit que
tout cela était bien, et voulut néanmoins produire quelque
chose de plus rare, de plus excellent et de plus merveilleux encore, je veux parler de l'homme. C'est qu'en effet, malgré tant
de magnificence et tant d'immensité, tous ces grands objets de
la nature physique n'auraient jamais été que des témoins muets,
insensibles et sourds de la puissance du Créateur, incapables,
par conséquent, de le louer, ni de l'aimer, ni de le bénir comme
il faut. Il restait donc à Dieu de produire un être qui surpassât
tous les autres en excellence, et qui mît comme le terme et le
couronnement à toutes ses œuvres ; un être à qui tout se rapportât dans la nature, et qui rapportât tout à Dieu, son véritable
auteur ; un être qui se connût, qui le connût et qui le servît,
car Dieu ne pouvait se proposer d'autre fin que son service et
sa propre gloire, dans la création de l'univers ; c'est ainsi qu'il fit
l'homme à son image et à sa ressemblance.

Oui, Dieu avait fait l'homme à son image ; il l'avait mis en
possession d'un état heureux et libre ; il lui avait réservé un empire absolu sur tout ce qui respire ; il lui avait donné un corps
sain et inaltérable, une âme droite et pure, un esprit plein de
lumière et d'intelligence ; il lui avait communiqué sa puissance
et ses merveilles ; dans cet état, l'homme pouvait user sans exception de toutes les créatures, car elles reconnaissaient en lui
leur maître légitime, et leurs premiers instincts les portaient à
le servir ; il pouvait compter que la terre toujours inépuisable et
toujours féconde fournirait abondamment à ses besoins ; la mort,
la maladie, la douleur, l'ignorance, la pauvreté et toutes les misères ensemble, qui lui font maintenant un si triste apanage,
devaient lui demeurer à jamais inconnues ; il devait jouir, enfin,
sans inquiétude et sans dépérissement, d'un bonheur plein,
entier, abondant, sans altération, sans partage et sans fin.

Tel devait être le sort du premier homme ; et pour tant de
bienfaits, que lui demandait donc celui qui l'avait tiré du néant ?
Il lui demandait de le considérer toujours comme le souverain-
maître de la nature entière, ce qui était bien juste ; de reposer
sans cesse en lui ses espérances et ses appuis ; de l'honorer
autant qu'il le mérite ; il lui demandait enfin de sortir victo-

rieux d'une faible épreuve à laquelle il le voulait soumettre, et qui consistait à lui demeurer fidèle en un seul point d'obéissance facile à observer.

Eh bien! c'est au milieu de toutes ces conditions de bonheur, c'est après tant de bienfaits reçus qui devaient lui remplir le cœur de tant de reconnaissance et de tant d'amour, qu'on vit le premier homme, oubliant tout à coup et ce qu'il était, et d'où il venait, et ce qu'il devait à son Dieu, et ce qu'il se devait à lui-même, donner le premier et fatal exemple de désobéissance et d'ingratitude qui ouvrit devant lui cet abîme de misère où il fut précipité sans ressource, entraînant après lui dans le même désastre et la même ruine toute la suite de ses descendants, c'est-à-dire le genre humain tout entier.

Voilà donc, non plus, cette fois, selon les assurances d'une faible raison dont les nombreux systèmes, se détruisant tour à tour, n'ont de durable et d'éternel que leur stérilité et ne sont féconds qu'en ruine, mais d'après la doctrine positive de l'Écriture, et selon les enseignements que la bonté divine y a daigné répandre, pour suppléer à la faiblesse et dissiper les incertitudes de notre esprit; voilà, dis-je, la cause réelle de tant de changements survenus dans notre propre condition, et dont le résultat, comme nous le disions plus haut, nous a été si fatal.

Mais si la désobéissance du premier homme a été la source de toutes ses misères, quel a donc été le principe de cette désobéissance? comment est-il tombé dans une si terrible prévarication? quels sentiments nouveaux ou plutôt quel aveuglement et quel vertige ont excité dans son cœur ces mouvements extraordinaires, et soulevé cette première tempête qui devait être suivie, bientôt après, de tant d'autres orages?

L'Écriture nous apprend que l'orgueil s'étant emparé de son esprit, Adam se lassa bientôt de vivre sous la dépendance d'un si bon maître, qui lui avait tout donné, qu'il voulut s'élever jusqu'à lui, devenir égal à lui, et se soustraire à des lois si justes, pour vivre indépendant et libre, et ne plus relever que de lui-même; que l'on ajoute à ce premier mobile l'attrait puissant du plaisir qui le porta à vouloir goûter d'un fruit qui paraissait si merveilleusement beau à la vue; que l'on ajoute enfin un désir vaste de tout connaître, et de voir se réaliser toutes les promesses du tentateur, et l'on aura ces trois malheureuses concupiscences dont parle saint Jean, et qui comprennent toutes les autres en elles-mêmes, et l'on aura ce *libido dominandi*, c'est-à-dire cet orgueil de la vie, ce goût d'indépendance et de domination qui nous fait trouver insupportable jusqu'à l'apparence même de la subordination, et par lequel, néanmoins, on voudrait soumettre tout à soi; et l'on aura ce *libido sentiendi*, c'est-à-dire ce penchant extrême au plaisir, cette recherche empressée de toutes les satisfactions des sens, laquelle nous fait poursuivre avec inquiétude et sans repos, à travers tous les obstacles, et aux dépens même, s'il y a lieu, de la vérité, de la justice, et par conséquent des plus précieux intérêts de notre âme, l'accomplissement de nos désirs; et l'on aura enfin ce *libido sciendi*, c'est-à-dire cet amour désordonné de la science et de toutes les vaines recherches de l'esprit qui, répandant notre âme sans aucune retenue sur tous les objets extérieurs qui l'environnent, la détournent sans cesse de sa vraie route, qui est de se connaître elle-même, et de connaître son vrai bien.

Après avoir indiqué quelles ont été les sources du péché de notre premier père, examinons maintenant quelle en a été la conséquence immédiate. Le premier effet que le péché d'Adam produisit en lui fut un certain état nouveau de son âme, une certaine altération de toutes ses facultés, un affaiblissement réel de cette lumière primitive et de cette inspiration divine qui s'étaient répandues dans tout son être au moment où il reçut le souffle émané du sein de son Créateur. Depuis ce temps-là aussi, la première chose que l'homme découvre en lui-même, quand il se regarde, c'est une ignorance profonde, et, ici je ne veux point parler de cette ignorance des vérités purement physiques et naturelles, dans laquelle se trouve inévitablement tout homme venant en ce monde, et dont on va chercher le remède sur les bancs des écoles et dans le sein des académies. L'ignorance dont il est ici question est cette ignorance des vrais biens, des vraies nécessités de l'homme, de ses vrais rapports, de sa nature, de son origine et de sa fin; c'est ce dénûment complet, cette triste et déplorable indigence des vérités morales les plus essentielles dont il possédait autrefois la plénitude entière. On sent, en effet, que dans l'état présent où l'homme se trouve, il lui faut se démêler à travers des ténèbres impénétrables, et bien que toute son existence ne soit plus qu'un pénible effort pour arriver à la lumière, il n'aperçoit néanmoins partout que la nuit, partout que des obscurités et des ombres; il va, il vient, il s'agite, il se retourne, il est visiblement égaré; il ne sait plus ni que faire ni que penser sur quoi que ce soit, et cette créature si excellente, cette royale intelligence qui devait jouir sans interruption de la contemplation des vérités éternelles, ne connaissant plus ni ce que c'est que le bien, ni ce que c'est que le vrai, ni par conséquent ce qu'elle doit aimer ou haïr, s'est précipitée enfin de ruine en ruine, et, comme par une conséquence naturelle de l'aveuglement de l'esprit, dans tous les égarements du cœur. Je dis : comme par une conséquence naturelle, car les œuvres de l'homme finissent nécessairement par être le produit de ses opinions, et les doctrines mauvaises ne tardent pas à se disputer l'empire de son cœur quand une fois elles se sont partagé les rênes de son esprit.

Ainsi donc, pour nous résumer, la cause réelle de tant de changements survenus dans notre propre condition, c'est le péché de notre premier père ; ce péché a pris sa source dans les trois grandes concupiscences dont nous avons parlé plus haut, c'est-à-dire dans le sentiment de l'orgueil, l'amour du plaisir et le goût des vaines curiosités; et il a eu pour résultat, en se transmettant avec la vie à tous les descendants du premier homme, de produire en eux cette ignorance profonde où ils se trouvent de toutes les grandes vérités qui concernent leur nature, et dont la connaissance leur importe essentiellement, ignorance qui fait la plus grande maladie de l'homme considéré dans son état présent et qui est le principe de tous ses vices et de toutes ses misères. Telle est la doctrine de l'Église ; heureux ceux qui s'en tiennent à ses enseignements, qui ne font point de difficulté de soumettre leur entendement au joug bienheureux et raisonnable de l'Évangile, qui savent le captiver sous l'autorité du Saint-Esprit et de l'Église, et mépriser ses inutiles et dangereuses agitations ! ils sont sans illusion, bien ordonnés et tranquilles; ils sont heureux et satisfaits; ils sont surtout pleins de lumière, comparativement, dans la vie pratique; ils sont même les seuls qui en aient véritablement, car il faut bien le reconnaître, depuis la chute de notre premier père, le genre humain n'est plus guère susceptible d'être éclairé ; les philosophes l'ont entrepris dans tous les temps, mais avec autant de vanité que de persévérnace, et la stérilité de leurs efforts a rendu cette vérité évidente et palpable pour tout le monde. La raison en est, sans doute, que depuis cette malheureuse époque, le vrai principe de la lumière n'est plus dans notre esprit, mais dans notre cœur, dont il faut rectifier le mouvement par la réforme de ses penchants, de sorte qu'aujourd'hui il s'agit beaucoup moins, pour éclairer, de convaincre que d'attendrir et d'échauffer, afin de faire aimer souverainement ce qui est souverainement aimable, car les hommes véritablement éclairés sont, après tout, ceux qui aiment ce qu'il faut aimer, et l'amour de Dieu encore plus que sa crainte est le commencement de la sagesse.

Béthune, typ. de C. Delpierre.